VENTE

du Lundi 22 Février 1909

à 2 heures 1/2

HÔTEL DROUOT, SALLE N° 3

❖

EXPOSITION PUBLIQUE

le Dimanche 21 Février 1909

de 2 heures à 6 heures

❖ ❖ ❖

Faïences et Porcelaines

❖

GRAVURES

❖

DESSINS & TABLEAUX

❖

OBJETS D'ART

❖

SCULPTURE

❖ ❖ ❖

Commissaire-Priseur

Me EDOUARD FOURNIER

29, Rue de Maubeuge

❖

Expert

M. ROBERT GANDOUIN

38 et 40, Avenue Wagram

CATALOGUE

des

Faïences et Porcelaines

GRAVURES

DESSINS & TABLEAUX

OBJETS D'ART

SCULPTURES

---

dont la vente aura lieu

Le Lundi 22 Février 1909

à 2 heures 1/2

HOTEL DROUOT, SALLE N° 3

Commissaire-Priseur	Expert
Mᵉ ÉDOUARD FOURNIER	M. ROBERT GANDOUIN
29, Rue de Maubeuge	38 et 40, Avenue Wagram

CHEZ LESQUELS SE DISTRIBUE LE PRÉSENT CATALOGUE

EXPOSITION PUBLIQUE

Le Dimanche 21 Février 1909, de 2 heures à 6 heures

CONDITIONS DE LA VENTE

Elle aura lieu au comptant.

Les adjudicataires paieront *dix pour cent* en sus des prix d'adjudication.

L'Exposition publique permettant aux amateurs de se rendre compte de l'état et de la nature des objets, d'en vérifier la désignation, aucune réclamation ne sera admise, pour quelque cause que ce soit, une fois l'adjudication prononcée.

DÉSIGNATION

FAIENCES. — PORCELAINES

1. — Vase en ancienne faïence de Marseille, décor polychrome, paysage et personnages.

2. — Porte-fleurs en faïence de Moustier, décor polychrome.

3. — Plat en ancienne faïence de Moustier, décor bleu.

3 *bis*. — Deux assiettes, ancienne faïence de Moustier, décor polychrome, guirlandes et bouquets de fleurs.

4. — Vase forme Médicis, en ancienne faïence de Saint-Omer, à fond bleu.

5. — Cache-pot en ancienne pâte tendre d'Arras.

6. — Cafetière et pot à lait en porcelaine de Lille, décor de fleurs époque Louis XVI.

7. — Pot à eau en porcelaine française, décor de fleurs époque Louis XVI.

8. — Service à café en porcelaine française, décoré de guirlandes de fleurs et réserves à vers galants écrits en lettres dorées, composé d'une cafetière, pot à lait, sucrier, bol, six tasses et leurs soucoupes. Époque Louis XVI.

9. — Soulier en faïence française polychrome.

10. — Trois plateaux forme coquille, en porcelaine française décorée.

11. — Deux assiettes en ancienne pâte tendre de Tournai, décor polychrome de fleurs.

12. — Sucrier en ancienne pâte tendre de Tournai, décor de fleurs bleu sur blanc.

13. — Sucrier en ancienne pâte tendre de Tournai, décor polychrome fleurs.

14. Douze couteaux à dessert, manches en porcelaine de Tournai.

15. — Deux tasses et leurs soucoupes en ancienne pâte tendre de Tournai, décor camaïeu rose fleurs.

16. — Salière en ancienne faïence italienne, ornée de quatre cariatides sur les côtés.

17. Deux vases de pharmacie, en ancienne faïence italienne.

18. - Petite écuelle en faïence italienne, décor polychrome.

19. — Pot à thé en ancienne porcelaine tendre de Worcester.

20. — Statuette équestre, en faïence anglaise.

21. — Statuette en ancienne faïence anglaise.

22. — Trois couverts en bronze ciselé et doré, composé de couteaux, cuillers et fourchettes, manches en ancienne porcelaine de Saxe.

23. — Statuette danseuse, ancienne porcelaine de Saxe.

24. — Chien couché et lapin, en ancienne porcelaine de Saxe.

25. — Chocolatière en ancienne porcelaine de Saxe, décor de fleurs, camaïeu rose et or.

26. — Petit mouton couché, en ancienne porcelaine de Berlin.

27. — Fraisière et son plateau, en ancienne faïence de Delft bleu.

28. — Beurrier et plateau adhérent, en ancienne faïence de Delft, décor bleu.

29. — Plaque figurant une cage contenant un serin, en ancienne faïence de Delft, décor camaïeu bleu.

30. — Deux cornets, ancienne faïence de Delft bleu, à personnages chinois.

31. — Trois tasses variées, avec soucoupes, en ancienne porcelaine de Chine de la famille rose.

32. — Beurrier en ancienne porcelaine de Chine de la famille rose.

33. Deux salières en ancienne porcelaine de Chine.

34. — Petite coupe en ancien blanc de Chine.

35. — Petit flacon à odeur en ancienne porcelaine de Chine de la famille rose. Décor au coq. Monture argent.

36. — Trois pièces en ancienne porcelaine de Chine. salière, petit encrier et petit magot.

37. — Vase en ancien grés émaillé de la Chine, fond vert.

38. — Cafetière en ancienne porcelaine de Chine. décor d'armoiries en camaïeu rose.

39. — Pot-à-eau en ancienne porcelaine de Chine, famille rose. décor de fleurs.

40. — Deux cornets, ancienne porcelaine de la Cie des Indes, décor polychrome, personnages.

40 *bis*. — Petit paravent en ancienne porcelaine de Chine. famille rose. composé de 8 feuilles.

GRAVURES

C. BAQUOY (d'après Moreau Le Jeune)

41. — C'est un fils Monsieur. (Encadrée).

N. BERTRAND (d'après P. Gérard)

42. — Portrait de Marie-Louise. Gravure en couleur.

CARRÉE (1770)

43. — Vue perspective de la Fontaine des Innocents. Gravée en couleur (encadrée).

D'AB (d'après M. Del)

44. — L'Agréable Moment (encadrée).

DEMARTEAU (d'après Fernet)

45. — Paysage animé et fontaine monumentale. Gravée en couleur (encadrée).

DUCLOS (d'après St Aubin)

46. — L'Assemblée au Salon (encadrée).

JAZET (d'après Lawrence)

47. — Innocence.

LEVASSEUR (d'après Jeaurat)

48. — Le Carnaval des rues de Paris et le Transport des Filles
de Joie à l'Hôpital (encadrée).

MIXELLE (d'après Boilly)

49. — La surprise agréable. Gravée en couleur.

S. W. REYNOLDS (d'après Norshcote)

50. — The Right Honorable Lord Hood. Gravée en couleur.

ROZE LENOIR (d'après Bunbury)

51. — Charlotte at the Tombe of Werter et Charlotte. Deux
gravures en couleurs.

NILSON

52. — L'Air. — La Terre. — Le Feu et L'Eau. Quatre pièces
(encadrées).

PROVOST (d'après Derosier)

53. — Le Modèle disposé. Gravée en couleur.

REGNAULT

54. — Les jeunes amants. (Encadrée).

55. — Le Matin. — La Nuit. — Le Bain. — La Toilette. Gravures du 1er Empire. (Encadrées).

56. — Scènes Champêtres. Gravées aux deux crayons.

57. — Vue des environs de Sartrouville. Gravée en couleur.
(Encadrée).

58. – The Alpine Travell. Gravure Anglaise en Couleur.

59. –– The Graces. Gravure Anglaise à la Manière Noire.

DESSINS

J.-B. HUET (Attribué à)

60. –– Pastorale. Dessin en couleur.

M. LAFITTE
Dessinateur du Cabinet du Roi, 1817.

61. Portrait en buste de Louis XVIII. Dessin au lavis.

PERCIER ET FONTAINE

62. –– Vue des Galeries du Musée du Louvre. Dessin colorié.

ECOLE FRANÇAISE

63. Portrait d'un Maréchal du temps du Premier Empire.
Dessin au crayon noir.

64. Paysages animés. Deux petites gouaches encadrées.

ÉCOLE FRANÇAISE (xviii⁰ siècle)

65. Paysage et marine animée. Gouache.

66. Portrait de jeune femme. Toile. Hauteur 0.28. Largeur 0.22.

67. ––– Figures de jeunes femmes, sous l'allégorie des Saisons.
Quatre petits dessins au lavis.

TABLEAUX

E. G. JABONEAU

68. — Le Port de Bordeaux. Bois. Hauteur, 0m48. Largeur 0m80.

69. — Le Ballon « La Ville d'Orléans. »

    Parti de Paris le 21 octobre 1870, à 11 heures du soir de la gare du Nord, arrivé près de Christiania (Norvège), le lendemain à 1 heure de l'après-midi (15 heures de traversée).

Descente du Ballon « La Ville d'Orléans », près Christiania (Norvège).

Deux peintures sur toile. Hauteur 0^m43. Largeur 0^m60.

OBJETS D'ART

70. — Boite rectangulaire en ancien émail de Saxe, décor de fleurs ; sur le couvercle deux personnages dans un parc dans le goût de Watteau ; à l'intérieur du couvercle paysage animé. Écrin en galuchat ancien.

71. — Petit miroir. Cadre en bois sculpté et doré avec porte-bougie en bronze, époque Louis XVI.

72. — Trois petits flambeaux en bronze, époque gothique.

73. — Deux flambeaux en bronze, époque gothique.

74. — Quatre jetons en buis sculpté représentant des têtes d'empereurs romains.

75. — Deux tasses à déguster en argent.

76. — Quatre jetons en argent.

77. — Niche en ébène de l'époque Renaissance, à l'intérieur une Vierge ét l'Enfant Jésus en argent.

78. — Deux vases en bronze doré, époque du 1er Empire.

79. — Plateau en métal argenté formant cave à liqueurs avec trois carafons et seize verres en cristal taillé époque du 1er Empire.

80. — Boite à jeu én laque, époque Louis XV, contenant quatre petites boites garnies de jetons en ivoire.

81. — Aigle en bronze, époque du 1er Empire, monté en presse-papier.

82. — Deux carafes en cristal taillé, époque Louis XVI.

83. — Paire d'appliques Louis XVI en bronze ciselé et doré à fleurs de lys.

84. — Petit pistolet en fer ; damasquiné d'or, xviie siècle.

85. — Petit pistolet à deux coups, en fer gravé, xviie siècle.

86. — Petite hallebarde en fer gravé, xviie siècle.

87. — Deux boitiers de montre en cuivre finement ciselé, xviie siècle.

88. — Pomme de canne en cuivre repoussé et doré.

89. — Pendule en bois sculpté, laquée blanc et or, à sujet représentant la Justice gardée par la Force. — Epoque Louis XIV.

90. — Petite pendule en bronze ciselé et doré. Epoque du 1er Empire.

91. — Cartel en bronze ciselé, style Louis XIV.

92. — Petit Bureau de Style Louis XV. Marqueterie de bois de rose.

93. — Deux petits bustes en bronze, Henri IV et Sully, montés sur colonnettes de marbre blanc ornées de bronzes. Epoque Louis XVI.

94. — Statuette d'Hercule, en bronze patiné.

95. — Femme couchée, en terre cuite.

96. — Deux statuettes de jardin, en terre cuite, époque Louis XVI.

97. — Eléphant en terre cuite, portant sur le dos une pendule en bronze ciselé et doré. Epoque du 1er Empire.

98. — Deux bas reliefs anciens, bois sculpté.

99. — Vierge et enfant en chêne sculpté, xvie siècle, haut. 0^m80.

100. — Buste de Saint-Pierre, bois sculpté, xvie siècle.

101. — La Vierge et Saint-Jean, statue en bois sculpté, fin du xvie siècle, hauteur 0^m75.

102. — Deux statuettes de Magots chinois, en pierre de Lar finement sculptée, travail ancien.

103 *et suivants*. — Objets omis.

IMPRIMERIE FRAZIER-SOYE

153-157, RUE MONTMARTRE

PARIS